MÁS GRANA QUE GRANATE

Kristha Garza

A los que están: a Jud, Mauri y Korra, fieles compañeros en esta vida y en la otra; a la bandita de la del Rock, que comparte su magia e inspira a otros corazones; a la familia, nuestro apoyo inmarcesible que siempre nos alienta a intentarlo una vez más.

Y a los que no están, gracias por los vívidos recuerdos y la motivación para seguir adelante.

Es la grana cochinilla
tesoro del mexicano,
de origen americano
siempre es una maravilla.
Desde México a Castilla,
es el mártir de riqueza.
Adorno de la realeza,
persiste en su travesía
y no existe un sólo día
en que pierda su nobleza.

KRISTHA GARZA

CONTENTS

Title Page
Dedication
Epigraph
I 1
II 11
III 28
IV 37
Agradecimientos 43

I

Tenochtitlan, 1450

El sol despuntó el alba con el candor de un nuevo día; sus rayos destellaron contra las piedras estucadas de las imponentes pirámides. No obstante que era temprano, ya había movimiento en la plaza: los *macehualtin*[1] iban y venían preparando sus puestos para empezar la labor mercante. Mientras, en la entrada de la calzada, se podía observar a un grupo de personas de apariencia humilde, liderados por un hombre cuya vestimenta dejaba ver su rango superior. Todos ellos avanzaban con paso seguro hacia el palacio central, mientras cargaban con sendos costales donde se asomaban los objetos que transportaban.

Cuando llegaron al palacio, fueron anunciados ante el *huey tlahtoani*[2], quien estaba ocupado resolviendo asuntos militares junto con el resto de los *tetecuhtin*[3] que habían venido a la ciudad. Como ya era costumbre, algunos de los pueblos lejanos habían intentado sublevarse de nueva cuenta y contemplaban nuevas formas de castigarlos para hacerlos entender que su libertad no era un tema a discusión. El mandatario despachó al sirviente con un gesto irritado, así que éste pidió al grupo que esperara a que terminara la reunión.

Pasó cierto tiempo hasta que el mismo sirviente los llevó a otra cámara del palacio, en donde les ofrecieron agua y comida. Ahí permanecieron otra hora más, y luego fueron convocados al salón del trono. El dirigente, quien era el *calpixqui*[4] de la Alta Mixteca, entró primero para presentar todo el tributo de dichas tierras. En el salón se encontraba el emperador, los sumos sacerdotes y los consejeros, así que la comitiva se apresuró a presentar sus respetos arrodillándose e inclinando la cabeza hasta casi tocar el suelo. En total eran ciento cincuenta siervos más el *calpixqui*, y cada uno se apresuró a mostrar el contenido del saco que cargaba. Las miradas de los sacerdotes y los consejeros se llenaron de avaricia al ver semejantes tesoros, pero el emperador se levantó del trono y se acercó al recaudador, quien permanecía inclinado ante el monarca.

- Levántate - le exigió al noble. - ¿Por tan poca cosa has venido desde lejos?
- Son los tributos anuales de nuestra tierra - dijo el *calpixqui* mirándolo a los ojos, y luego bajando la mirada al darse cuenta de su error.

El *huey tlahtoani* dejó pasar el gesto, ya que se trataba de un joven y no vio algún rezago de rebeldía o desafío. Contempló al resto del grupo, y se dio la vuelta para dirigirse al interior del palacio. Se detuvo un momento pensando algo, y luego comentó:

- Quédate a descansar y mañana partes de regreso. Por hoy eres mi invitado especial. – El recaudador le agradeció y se inclinó para despedirlo.
- Mi señor, el tributo... - comentó uno de los consejeros cuando el *tlahtoani* se disponía a seguir con su rutina.
- ¿Qué pasa con el tributo? - preguntó molesto por

la impertinencia.

- *Nocheztli*,[5] señor. Lo necesitamos en el templo. – dijo uno de los sumos sacerdotes.

- Bien, llévense lo que necesiten. Lo demás se distribuye como siempre. – Y se marchó el emperador.

En cuanto desapareció, el sumo sacerdote que había hablado antes se acercó a la chica que llevaba el saco repleto de grana cochinilla; primero la vio con lascivia y luego se acercó a la bolsa para revisar que el contenido fuera de la mejor calidad. El resto del grupo fue despachado por los consejeros para que los sirvientes dispusieran de las nuevas adquisiciones y resguardaran los tributos hasta que se hiciera la correcta distribución entre los señoríos.

Mientras, otro sirviente intentaba llevarse al *calpixqui* hacia la habitación que ocuparía para que se aseara y descansara antes de la comida, pero éste se rehusaba a seguirlo al ver que toda su comitiva era contemplada como parte del tributo, en especial la chica de la grana cochinilla. Ella lo miraba suplicándole que la salvara, que cumpliera su promesa de regresar juntos a su tierra. Cuando el recaudador miró al sirviente, quien también era mixteco, y este sólo negó con la cabeza, supo que la había perdido, quizás para siempre. Volteó para despedirse de ella, y vio todo el dolor, la desolación y el terror que la embargaba. El sumo sacerdote la obligó a mirarlo tomando su rostro por el mentón, y le ordenó que lo siguiera con la grana cochinilla. Esa fue la última vez que la vio.

Al día siguiente, el recaudador se encontró con su padre, uno de los señores en las afueras de la ciudad de Tenochtitlan. El regente de la Alta Mixteca dirigió una mirada reprobatoria a su hijo al ver la escasa comitiva que lo acompañaba, debido a que le había advertido acerca de no venir a Tenochtitlan por temor de que el *huey tlatoani* lo reclamara como rehén. El joven bajó la cabeza y su padre sólo negó.

- ¿Cuántos sirvientes perdimos? - preguntó el gobernante a uno de los guerreros que los acompañaban.
- Ciento cincuenta, señor - respondió éste.

El gobernador miró despectivamente a su hijo. Éste sólo se agachó más.

- Y seguramente le pediste a la muchacha esa que

te acompañara- remató el padre. El chico sólo se encogió aún más. - ¡Mírame cuando te hablo!

El hijo levantó la cara hacia su padre y éste lo recibió con un puñetazo que lo tiró al suelo.

- ¿Creíste que venían de paseo? ¿Creíste que sería un viaje idílico entre un señor y su esclava más lujuriosa? ¡Llevo meses lidiando con tus devaneos y con la ambición de esa basura! ¡Merecido tiene su destino aquí en Tenochtitlan! - gritaba furioso el señor de la Alta Mixteca mientras su hijo se limpiaba la sangre de la nariz y se levantaba.
- ¡Ella no es una basura! - gritó el recaudador intentando hacerle frente a su padre, y éste le dio otro golpe con el reverso de la mano que lo tiró de nueva cuenta.
- ¿En serio creíste que ella te amaba? ¡Eres más imbécil de lo que pensé! - buscó la mirada de los guerreros, pero todos ellos sólo mantenían la cabeza gacha. Asumió que tal vez se estaba excediendo con su hijo fuera de sus dominios, y pensó que ya había tenido suficiente escarmiento.
- Ella sí me amaba - escuchó que dijo su hijo después de escupir sangre y un diente. El regente pidió paciencia a todos los dioses.

- ¡Ella buscó en todos y cada uno de los lechos nobles un lugar donde asentarse antes de llegar al tuyo! ¡Incluso conmigo lo intentó! - exclamó el regente intentando hacer que su hijo recapacitara.

Él entendía las razones de la chica para tener esa conducta, pues sabía que ella provenía de una familia noble y esclavizada, que tuvo la desgracia de tener un padre rebelde e idealista, asesinado por los mexicas; sin embargo, eran detalles que jamás le diría a su hijo. Su intención era que la olvidara y siguiera con su vida. – Soporté tus deslices con esa, y no conforme con desprestigiar a la familia y mi nombre, ignoras mis órdenes y viajas hasta aquí. ¡Te advertí que enviaras a un mensajero!

El joven no aguantó más la presión de su padre y lloró. Los guerreros, horrorizados de semejante conducta tan cuestionable e impropia del hijo de un regente, sólo se dieron la vuelta con la esperanza de que ese sujeto sin temple y con el alma tan frágil jamás los gobernara. El padre percibió la tensión en el ambiente, y supo que ya no tenía caso seguir protegiendo a su hijo.

- Disfruta la vista de Tenochtitlan. Cuando lleguemos, tendrás la recepción que mereces por tus decisiones. – Y emprendió el viaje escoltado por los guerreros.

El joven se quedó contemplando la puesta de sol en las montañas. Se preguntó si ahora la apreciaba porque sentía próxima la muerte: desconocía si moriría por el castigo público que dispusiera su padre o porque los mexicas le habían arrancado el corazón, como contaban en su tierra.

Cuando la luz se tornó roja, él se asombró porque todo el paisaje se tiñó del mismo color que la grana. Encontró el pigmento en las pirámides, en las calzadas, en las plantas y en las rocas, y lo sobrecogió el espectáculo. Recordó que su pueblo tardaba entre seis y ocho meses en recolectar la cantidad que reclamaban los mexicas como tributo, y no entendió la necesidad de exigir semejante cantidad si ellos disfrutaban del mismo tono todas las tardes.

Luego pensó en las extensas jornadas de recolección de la grana cochinilla, y no pudo evitar recordar a su querida *Ita*[6] paseándose entre las pencas con su belleza deslumbrante. Evocó la imagen de su rostro moreno, el negro brillante de sus ojos y de su cabello, su cuerpo menudo pero turgente escondido tras el huipil, y sus pies de colibrí. Recordó cuando ella le enseñó de dónde venía ese color, cuando había tomado al bichito entre sus dedos y lo había aplastado contra la palma de su mano con el pulgar, mientras hacía brotar el rojo carmín de las entrañas deshechas del animalito. En ese momento se le había hecho horrible asesinar a un ser vivo por algo tan vano, pero en Tenochtitlan entendió que su pueblo era como las cochinillas, y los mexicas eran quienes los estrujaban hasta obtener todo lo que anhelaban. Los restos, o sea todo lo que los hacía ellos mismos, eran desechados para que se resarcieran de la mejor forma que pudieran.

- *Ita* - Con el último rayo del sol hizo una plegaria a los dioses para que ella encontrara la felicidad de una u otra forma. Lloró un poco más porque jamás volvería a estar con ella, a disfrutar de su risa, de su suave olor, o de la cándida pasión que compartieron durante unos meses.

Ita. Ita. Ita. Susurró su nombre hasta que el sol se ocultó y la penumbra ocupó todo el espacio celestial.

Su último pensamiento fue una pregunta al cosmos sobre si existiría algún pueblo capaz de teñir todo de rojo con la sangre de los mexicas.

II

Malinalco, 1629

Fray Juan de Grijalva vigilaba la labor indígena para retocar los murales del convento. Como prior del mismo, era su responsabilidad tenerlo en óptimas condiciones para la llegada de nuevos hermanos o para las celebraciones de los diversos Capítulos de la Provincia agustiniana. Como el Convento de Malinalco era uno de los más ricos y mejor decorados de la Nueva España, debía mantenerlo acorde a tal prestigio.

El prior se paseó por los pasillos observando atentamente el trabajo de los indios. Se detuvo un momento para apreciar los frescos en los muros:

la flora y la fauna autóctona se mezclaban con los escudos propios de la Orden.

En ellos se mostraba la vida de los agustinos mediante símbolos escondidos y anagramas. De esta manera, dos religiones eran entretejidas en los puntos donde concordaban; el blanco y el negro creaban armoniosamente una obra pictórica que proporcionaba una identidad regional a los lugareños y un eterno recordatorio a los eremitas de lo que significaba su labor en esas tierras.

Puso especial atención en la preparación de las mezclas para la pintura mural que estaban haciendo en el patio del convento, y no pudo evitar sorprenderse de que algo tan mundano como las raíces, plantas o inclusive insectos produjeran esos colores tan llamativos. Sin embargo, tenía que reconocer, al menos para sí mismo, que el pigmento que más le impresionaba era el rojo carmín que se había descubierto en la Nueva España. Ese material había revolucionado el arte en el Viejo Mundo; una considerable parte de la economía de la Nueva España descansaba en el comercio de la grana cochinilla. El fraile sintió demasiadas ganas de ver otra vez el proceso de elaboración de la pintura roja, y se dirigió al Portal del Peregrino.

Cuando salió del convento, la impresionante cruz atrial lo recibió a contraluz con el sol del atardecer. Esta cruz era única: los motivos prehispánicos que la decoraban le daban una imponencia mucho más abrumadora. El prior se sintió orgulloso de pertenecer a la Orden creadora de semejante obra, sobre todo porque su labor evangelizadora se había centrado en la comunión de ambas culturas, no tanto en la imposición religiosa.

Se persignó y se dirigió hacia el Portal. Esta zona del convento constaba de siete arcos, y la parte techada estaba decorada toda con rojo carmín y figuras geométricas, además de los escudos de María, de Jesús y de la Orden, y los primeros siete evangelizadores que llegaron a Nueva España. Él era consciente de que a los indios no les gustaba estar en interiores, por eso se regocijó al ver a ese grupo más animado. Se acercó al sacristán, quien vigilaba la labor en esa parte del convento.

- Buenas tardes, don Hipólito, ¿cómo va todo? – le preguntó el prior al sacristán.

- Buenas tardes, va muy bien, ya casi acabamos de retocar los frescos, señor. - le respondió don

Hipólito.

- ¿Alcanzó bien la grana para retocar todos los murales?

- Todavía falta el segundo piso, padre, pero queda poco más de la mitad del saco.

- Ya veo.

Ambos se quedaron callados mientras veían trabajar a los indígenas. Uno de ellos se acercó al saco de la grana cochinilla, tomó un panecillo de pigmento, luego tomó un pedazo de cristal blanco transparente y empezó a moler ambas cosas en el mortero. Cuando todo estuvo triturado y mezclado, vertió agua y revolvió hasta que quedó bien incorporada la mezcla.

- ¿Qué es ese cristal que echó el indio? - preguntó don Hipólito medio despectivo.

Él era criollo, sus padres habían emigrado a la Nueva España en busca de mejores oportunidades, y lo habían logrado. Habían pasado de casi vagabundos a ser mercaderes de pescado en Malinalco, y por eso creía que tenía el derecho a ver por encima del hombro a los lugareños. Por su parte, fray Juan, a pesar de ser también criollo, no comulgaba con sus ideas.

- Es alumbre, don Hipólito - respondió seco fray Juan.
- ¿Y eso para qué es? - don Hipólito se persignó.

Él creía a pies juntillas todo lo que decían de los indios sobre sus herejías y paganismos, de cómo eran capaces de robarle la razón a los hombres con hierbas y mantenerlos a su merced. Muchas veces les había preguntado a los padres agustinos sobre esos dichos, y la mayoría lo disuadían de seguir hablando de eso, pero había una pequeña facción que temía lo mismo que él. Fray Juan de Grijalva sólo se reía cuando le contaba de esos temas.

- Es lo que utilizan como fijador para que la pintura se adhiera al material que están pintando. - contestó el fraile.

A veces a fray Juan le costaba mantener la paciencia con la ignorancia déspota del sacristán, pero siempre mantenía presente que era un miembro más de la comunidad conventual y que debía ser paciente con sus pecados, aunque el susodicho escogiera adherirse y no librarse de ellos.

- ¿Y cómo le consta a usted, padre? – insistió don Hipólito en sus teorías.

- Pues porque esa preparación aparece descrita en las obras de los primeros cronistas que llegaron a estas tierras – respondió un poco harto el prior.

- ¿Y si utilizaran esas cosas para sus brujerías?

- Don Hipólito, usted sabe que eso está penado y que se castiga con la muerte. Es un tema muy delicado hablar de brujería, y no es justo que sólo por temores infundados le busque algún perjuicio a esta gente, que ya bastante mal lo pasa siempre.

- Son indios, padre. Tienen el mal enraizado en el corazón – aseveró el necio sacristán.

- Como el resto de los humanos, don Hipólito. Por eso Jesús se sacrificó por nosotros.

Don Hipólito ya no dijo nada. Sospechaba que el prior simpatizaba más con los indios que con los de su propia raza, y se sentía traicionado al respecto. Fray Juan se despidió alegando que pronto serían las Vísperas[7] y que necesitaba resolver unos asuntos antes.

El sacristán se quedó en su lugar viendo con

suma desconfianza a los indios, quienes ya estaban guardando las cosas para terminar esa ardua jornada. Él pensaba que ellos eran unas bestias que debían permanecer bajo el yugo de los de ascendencia hispana, y que gente como el prior sólo los alentaba a rebelarse y seguir con sus costumbres salvajes. Incluso había veces en las que se sorprendía pensando en que deberían ser masacrados y sus restos apilados en las ruinas cercanas donde se empeñaban en adorar a su diosa infernal[8], según las malas lenguas. Don Hipólito se persignó de nueva cuenta.

Él se consideraba un hijo de Dios merecedor de sus divinas gracias, por eso llevaba la blancura hasta en la piel. Él asistía siempre a misa, oía atentamente el Evangelio a pesar de los escotados vestidos de las muchachitas, comía parcamente los platillos peninsulares que obligaba a su esposa a preparar justo como su santa madre los hacía, a punta de latigazos reprendía a la servidumbre en la justa medida, administraba con bastante rigurosidad el dinero del negocio familiar para que su esposa no lo malgastara, e intentaba menguar ese sentimiento corrosivo que lo invadía cada que se encontraba con la imagen de fray Juan enseñando a los indios a leer o a escribir.

En cambio, don Hipólito consideraba que los indios tenían la inclinación a la maldad a flor de piel. Todo era oscuro y turbio con ellos, hablaban en lenguas imposibles de reconocer, la sed de sangre de sus dioses era un rumor conocido por todos, y ni hablar de su mirada taciturna y sus facciones toscas. Él no encontraba ningún atributo en los indios que mereciera reconocimiento alguno, y por eso le daba rabia que fray Juan de Grijalva prefiriera derrochar los recursos conventuales y personales para educarlos, cuando había tanto criollo necesitado de la ayuda del prior. ¿Qué les iba a importar a los indios que les hablara de los autores clásicos o de la palabra de Dios, si no eran más que bestias inmundas? Bestias inmundas y oscuras, muy oscuras.

El sacristán dejó de remorder su envidia cuando fue alertado por el movimiento del grupo indígena para entrar al convento a guardar el material de la labor artística. El sol regalaba sus últimos rayos antes de que la noche dominara el cielo; la cruz atrial se alzó todavía más imponente con ese efecto de luz. Don Hipólito fijó su mirada en el Cristo esculpido en la piedra y sintió que éste dictaminaba su juicio final; por un momento temió que las espinas de la cruz cobraran vida y lo arrastraran al infierno como parte del veredicto. El calor del ambiente se le antojó de pronto demasiado sofocante, y de reojo alcanzó a ver que el rojo recién pintado destellaba más de lo normal, justo como lo harían las llamas eternas. A causa de la impresión avanzó a trompicones hacia la construcción, se apoyó en la pared exterior del convento, e intentó tranquilizar su desbocado corazón. Uno de los indígenas se acercó para revisar que estuviera bien y ver si podía ayudarlo en algo, pero el sacristán lo apartó de un manotazo y se alejó del lugar dando zancadas. A lo lejos, una figura femenina cubierta por una capa observó toda esta escena.

Pronto anocheció, y la comunidad agustina se dio cuenta de la ausencia del sacristán cuando llegó el momento de cerrar todas las puertas y nadie sabía dónde estaban ni don Hipólito ni las llaves. Fray Juan envió a un sirviente a alertar al pueblo para que se organizara una brigada de búsqueda, pero temía que nadie quisiera cooperar debido a la fama de las malas acciones del sacristán. Otorgó permiso de salir del convento de noche a los frailes deseosos de participar en dicha búsqueda, y él se quedó por si don Hipólito volvía.

Sin saber muy bien cómo resolver ese embrollo, fray Juan se dirigió al templo para pedir la ayuda del Señor. Entendía que don Hipólito se había buscado un escarmiento con todas las maldades que hacía, pero le parecía excesivo desaparecerlo así. Llevaba en la mano un candelabro para iluminar su camino, y grande fue su sorpresa al ver a una figura encapuchada sentada en la primera fila, casi frente al altar. Dedujo que era una mujer por la mantilla de encaje que le cubría la cabeza, pero no entendía cómo había podido abrir ella sola la pesada puerta de madera para colarse a tan altas horas de la noche.

- Disculpe, estas no son horas de estar en el templo, señora. – Dijo el prior para llamar su atención. La mujer ni se inmutó ni volteó ante el leve regaño del fraile, y siguió brotando un leve murmullo de sus labios.
- Señora, de verdad no puede estar aquí – insistió el padre.
- Sshhh, ¿no ve que es un lugar sagrado? – lo censuró la mujer sin mirar en su dirección.

El padre se acercó a ella, y observó con la escasa luz que era una indígena de pelo largo con un huipil negro, al igual que el rebozo que le cubría la cabeza y no dejaba verle la cara completa, sólo los labios delgados y la barbilla. Sin saber de dónde había sacado la idea de la mantilla de encaje y pensando en que debía estar perdiendo la vista a causa de la vejez, eligió sentarse a su lado, lo suficientemente cerca para escucharla, pero no tanto como para incomodarla.

- ¿Cómo puedo ayudarte, hija mía? – se ofreció el padre rendido a la imposibilidad de rezar por el bienestar del sacristán.

La mujer soltó una risita. - ¿Hija suya?

- Bueno, no hay que tomarse las cosas a pecho. Uno como sacerdote tiene la responsabilidad de ver por todo el rebaño, y es inevitable verlos como si fueran nuestros hijos. – Comenzó a explicarle el prior con un tono amigable. - ¿Tú eres de aquí, de Malinalco?

Por un momento la mujer se calló con los labios

tensos, pero luego respondió – Sí, soy de Malinalco.

- ¿Y qué haces en la casa del Señor tan tarde? – preguntó curioso el fraile.
- He venido a verlo a usted – contestó de forma sencilla la mujer.
- ¿A mí? Pero puede hacerlo a cualquier hora del día, siempre estoy aquí.

Un leve crujido distrajo al padre y se fijó con mayor detenimiento en las manos de la mujer. Ésta llevaba una penca de nopal rebosada de grana cochinilla, y estaba aplastándolas una por una. El ácido carmínico ya le había teñido los dedos de rojo, casi llegando a púrpura.

- No me gustan los parásitos que vulneran el corazón de mi hijo – comentó la mujer cuando se percató de la curiosidad del fraile por lo que estaba haciendo. Se corrigió. – No me gustan los parásitos que vulneran y oprimen los corazones de mis hijos. – Y reventó con mayor saña a la siguiente cochinilla.

En ese momento, fray Juan se dio cuenta de lo inverosímil de la situación. Él era un fraile respetuoso de su deber; por ende, conocía a todo el pueblo y jamás había visto a esa mujer. Además, nadie en su sano juicio salía tan tarde y sin luz de su casa, no tanto por las historias que contaban en el pueblo sobre los indios rebeldes que seguían sacrificando animales a Malinalxóchitl, sino por lo escarpado del lugar y lo peligroso que era resbalarse por alguna de esas calles.

- He venido a ayudarle, padre, a devolverle una de sus pútridas ovejas descarriadas en aras de la labor que usted hace con mis hijos. – Aseveró la mujer mientras seguía reventando a los insectos. El fraile sudó frío y se quedó sin habla. – Usted es bueno; puedo ver la nobleza de su corazón. Sin embargo, usted sabe que no todo su rebaño cumple con lo que usted predica. Mis hijos sufren, mis hijos son forzados a olvidar sus raíces. – Cuando terminó de decir esto, la mujer al fin le dirigió la mirada al prior.

Éste observó un rostro regio, terriblemente divino y sobrecogedor. La piel era tersa, pero de un color indefinible; los ojos reflejaban serenidad y sabiduría, pero era como mirar al inexorable vacío. Su cabellera era la noche, jamás había visto un color tan negro como aquél, y su cabeza estaba coronada de alacranes, ciempiés y serpientes que se movían al compás de la respiración de su señora. El fraile estaba aterrorizado. Al instante se dio cuenta que frente a él se encontraba la divina Malinalxóchitl, diosa de la hechicería. Abrumado por la imponente presencia y belleza de la deidad, fray Juan no podía emitir palabra alguna, pero al menos pudo tranquilizar la preocupación relativa a estar perdiendo la vista.

Como si pudiera leerle la mente, la señora sonrió divertida. – No, no estás perdiendo la vista. Tienes un alma demasiado transparente y casi pueril para descender de conquistadores.

El fraile seguía sin poder recuperar el habla.

- Entiendo que el ocaso llegó para los divinos señoríos mexicas – prosiguió la divinidad. - No quiero combatir el destino, sólo quiero evitar que mis hijos sufran. – Concluyó matando a la última cochinilla que quedaba en la penca, suspiró y se levantó de la banca. – Si te entrego a tu oveja, ¿prometes seguir resguardando a mi pueblo como has hecho hasta ahora?

El prior asintió varias veces con la cabeza, preguntándose si no se estaría condenando al abismo por hacer un pacto con una deidad infernal.

- Busca a tu oveja donde tu pueblo expía sus pecados, allí la encontrarás – dijo mientras caminaba por el pasillo central en dirección a la salida. – Ah, y deja de cuestionarte asuntos divinos; lo que es de dioses, sea de dioses, y lo que es de humanos, sea de humanos. No hay condena por tratar de salvar a un pecador. – Y desapareció a través de la puerta cerrada sin candado.

Fray Juan sentía que se le saldría el corazón en cualquier momento. Agradecía a Dios haberlo dejado salir inerme de ese encuentro, pero no entendía la necesidad de ponerlo a prueba de semejante forma. Recordó lo último que le dijo la divinidad, así que dejó de cuestionarse cosas, se dirigió al confesionario y allí encontró durmiendo a don Hipólito. Pronto la brigada regresó a la iglesia y, cuando se enteraron de cómo lo habían encontrado, dicha brigada se convirtió en turba, pero el prior intervino en favor del sacristán y les pidió que lo dejaran descansar, que ya después se enterarían bien de los pormenores de su desaparición.

A la mañana siguiente don Hipólito no dijo nada, ni al siguiente día, ni al posterior a ése. Cuando la gente le preguntaba sobre su desaparición, evitaba a toda costa hablar de ello. A nadie jamás le contó su experiencia, pero era evidente el cambio en el viejo sacristán. De sus antiguos pecados no quedaba nada, evitaba a toda costa mirar a las jovencitas, era mucho más paciente con todos los que trataba cotidianamente, y ayudaba a los necesitados con los bienes que tanto había atesorado.

Un día, muchos años después de lo acontecido, fray Juan se encontraba en el patio conventual calentándose los huesos reumáticos con el sol. Don Hipólito se acercó y le ofreció un poco de pan de elote que había hecho su esposa, pero el fraile se negó a causa del ayuno, y se sentaron en una banca. Fray Juan observaba el espléndido azul del cielo sin nubes, pero don Hipólito veía fijamente el rojo de los pisos superiores del convento.

- ¿Por qué le gusta ese rojo, padre? – preguntó don Hipólito a fray Juan, sacándolo de sus pensamientos.

El sacerdote demoró un rato en lo que pensaba a conciencia la respuesta. – Pues porque me parece un color regio auténtico, más que el quermes, por ejemplo. Para decorar el ardiente amor de San Agustín y la labor del convento, ¿qué color más fervoroso hay? Creo que la grana es más roja que el granate, ¿no?

- Nunca me gustó ese rojo – le confesó el sacristán al fraile.
- ¿Qué tiene de malo? – preguntó el padre curioso.
- Me recuerda a las manos de una dama que me hizo ver mi suerte... - contestó don Hipólito perdido entre los recuerdos de una noche en la que contempló a través de un resquicio la eternidad infernal.

Fray Juan, entendiendo inmediatamente a quién se refería, sólo se carcajeó y le palmeó la espalda.

III

Saint Rémy de Provence, 1889

Un hombre de cabello rojizo y mirada atormentada apreciaba maravillado el crepúsculo sobre la provincia francesa. De un momento a otro, las luces que marcaban el final de cada día tiñeron de carmín el trigal que se extendía hacia el horizonte. Justo ese momento era el que lo impresionaba en mayor medida: cuando todo lo que tocaba la luz crepuscular cobraba un resplandor rojizo, casi divino. Luego de unos instantes, el sol sucumbió y la noche se hizo presente.

Terminó de recoger sus pinceles y arreglar un poco

su estudio. Se dirigió al cuarto contiguo, donde estaba su recámara, y se recostó en la cama. En un bastidor tenía un cuadro en proceso de secado; en él aparecía su antiguo cuarto de la Casa Amarilla, en Arlés. Era la tercera versión de la misma obra; el original se había dañado un año antes y había elaborado el segundo a petición de su querido Théo. Éste último era ya sólo práctica.

Se detuvo a observarlo. La intención al realizar la pieza original era la de transmitir al espectador una sensación de reposo y tranquilidad con el contraste de los colores; ahora, con las últimas versiones, había jugado con las combinaciones entre colores complementarios. Ninguno de los tres cuadros guardaba semejanzas entre sí; eran muy distintos uno de otro.

Se fijó en las esquinas desnudas de su obra. Como había decidido que no vendería este cuadro, sino que se lo regalaría a su pequeña hermana Willemien, no tenía caso que lo firmara con su nombre: *Vincent*. Se preguntó si de verdad marcaban una diferencia esos pequeños trazos en sus obras. Al final, cada cuadro era el resultado de su habilidad y su forma de interpretar la realidad. No eran sólo girasoles y ya, eran sus girasoles; no eran simples cipreses ni estrellas, era su noche personal; no era sólo su antiguo cuarto, era su vida representada en un lienzo.

El chisporroteo de la vela lo distrajo de sus cavilaciones y prestó mayor atención al entorno. Era una noche tranquila en el monasterio, por lo que no escuchó nada en los corredores. A veces sus compañeros de pasillo sufrían crisis y el ambiente se llenaba de gritos y lamentos que perduraban a lo largo de la noche, algo normal en un sanatorio de enfermedades mentales. Recordó cuando tenía sus reservas para entrar ahí, puesto que siempre son mal vistos los centros de esa índole, pero la situación en el mundo de afuera se había vuelto insostenible. Dentro del monasterio encontró una paz inesperada que le permitía trabajar, y una sorprendente amistad y lealtad entre los pacientes que lo motivaba a sentirse seguro entre ellos.

Devolvió su mirada hacia la pintura. Observó el autorretrato ahí pintado, su yo de toda la vida. Después de tantos años y experiencias, él seguía siendo el mismo joven que había salido de Zundert en busca de nuevas oportunidades. Luego se fijó en el retrato femenino del lado derecho, su hermana

Wil, con la que mejor se llevaba. Se alegraba de haber recuperado de alguna manera la relación que tenía con ella luego de la fractura familiar vivida varios años atrás, y se preocupaba constantemente por su estado de salud, por eso en cada carta que le enviaba intentaba que Wil se sintiera comprendida o al menos escuchada.

Y luego estaba el cuadro encima de la cama. Recordó que el original tenía un paisaje de un árbol frondoso en primavera. Para esta versión le había parecido una mejor idea pintar la miniatura de un melocotonero como representación de los estudios del arte japonés que había realizado tiempo atrás. Después de todo, le estaba regalando a su hermana una *réduction* de su vida.

Se abstrajo en los colores del cuadro. El conjunto estaba conformado por los cuatro colores principales de toda su vida: amarillo de cromo, azul cobalto, verde esmeralda y rojo carmín. Después de estudiar a tantos artistas y teorías del color, había definido su estilo sobre la combinación, contraposición y yuxtaposición de esos cuatro colores y sus resultados.

El pintor evocó la época en la que el mundo de los colores lo había atrapado por completo. Se vio a sí mismo con menos años, cuando recién había entrado a la Academia de Bellas Artes y su paleta estaba dominada por colores oscuros y terrosos. Con el pasar de los años, las experiencias, los amores, las amistades y los análisis a diversos artistas, su paleta fue adquiriendo más y más colores hasta llegar a lo que hoy tenía.

Los tonos amarillos predominaban en los muebles de la habitación, únicas figuras con estabilidad en el cuadro. Y es que el amarillo era el color más recurrente en sus pinturas, tanto para colorear lo bello de los paisajes como para llenar de vibrante luz los objetos. Muy en el fondo, él creía que la felicidad se encontraba atrapada en esas brillantes tonalidades y por eso se empeñaba en utilizar los amarillos de cromo en todas sus obras.

El azul que tanto le fascinaba estaba en las paredes del cuarto. Siempre le había gustado mucho ese color para los fondos, para teñir los cielos y para acompañar la luminosidad de los estudios de interior. El azul cobalto era el color con el que brindaba armonía y paz a la mayor parte de sus composiciones.

El verde de las ventanas evocaba la frescura de la naturaleza. Con los ventales de este color, el cuadro generaba la impresión de que cada elemento era más grande, además de complementar la idea de reposo. Éste era uno de los pocos elementos que perduraban a lo largo de las tres versiones, junto con el carmín de la colcha de la cama.

Dejó adrede en último lugar el rojo de sus composiciones. Su pigmento favorito para este color era el carmín que provenía de América. Conoció este material a través de las pinturas de Rubens, quien lo utilizaba para representar la realeza, la fuerza de lo divino y otorgar luz a la imagen. Casi inmediatamente le había escrito a Theo para contarle de sus hallazgos, y también describió sus impresiones respecto a las tonalidades descubiertas en los cuadros de Rubens. Cuando pudo pintar con él por primera vez, sintió un regocijo en lo más profundo del alma.

"[...] El carmín es el rojo del vino y es cálido, espiritual como el vino." Esas habían sido sus propias palabras respecto al pigmento, antes de conocer la historia del material. Jamás habría imaginado que

este color era obtenido a partir de la masacre de unos animalitos diminutos que se llamaban grana cochinilla y vivían en unas plantas de origen americano. Ahora se daba cuenta de cuánta razón había tenido al atribuirle un sesgo espiritual al provenir de muchísimas vidas arrancadas. Para él, era un color muy serio e impresionante, capaz de transmitir toda la intención del artista en unos cuantos tonos. Pero también ese color le recordaba antiguos amores, los que fueron y los que nunca habrían de ser.

- Sien – se le escapó un nombre de los labios.

Miró hacia el techo. ¿Quién iba a imaginar que, después de tantos años, seguiría susurrando ese nombre en la penumbra? Luego de unos segundos, llegó a la conclusión de que no podía ser de otra manera. Al final, ella era la mujer con la que había tenido una vida familiar, por efímero que hubiera sido el momento.

Sólo por esa noche, se permitió recordarla. Evocó su figura huesuda, su cabello negro y lacio, su actitud huraña y su lengua filosa. Enumeró todos y cada uno de sus defectos, como su alcoholismo y su nula intención de salir de la prostitución, pero ni toda la suma de ellos opacó en lo mínimo la ternura de su mirada cuando lo observaba trabajar, o la forma en que sus pies lo buscaban cuando la noche era particularmente cruda. Rememoró con inmenso cariño y tremenda nostalgia el tiempo pasado a su lado, desde el día en que la recogió de la calle hasta la última vez que la vio, agradeciéndole los momentos compartidos y cruzando el umbral de su estudio con el pequeño Willem en un brazo y Marie colgada de su mano.

Vincent se llevó una mano al corazón. A pesar de lo que el resto decía, él sabía que lo que hubo entre ellos dos había sido amor. Sin embargo, no se perdonaba (y probablemente nunca lo haría) el no haber luchado con más ahínco por su familia, el no haber entendido que Sien solamente buscaba una forma de proveer alimento a todos al volver a la prostitución, el no tener una estabilidad mental que pudiera ayudar a Sien a protegerse de sí misma.

Volvió a observar la pintura con los ojos llorosos. El carmín se encontraba en el suelo de la habitación, como si intentara convencer inconscientemente de una estabilidad falaz; también se encontraba con una mayor presencia en la colcha de la cama, vestigio de lo que había tenido y perdido.

Una lágrima rodó hasta impregnarse en la almohada. El momento le parecía adecuado; sólo a solas y arropado por la penumbra podría llorar un amor que fue criticado, desprestigiado y asesinado a través del hambre. Al final, la historia de ellos dos había sido como la vida de la cochinilla: efímera, intensa y tremendamente desoladora, con el fin de brindar un toque de divinidad a la realidad.

IV

Oaxaca, 2020

Doña Esperanza contemplaba las estrellas desde el portal de su casa. Era una noche tranquila, sosegada; apenas se escuchaba el rumor del viento a través de la vegetación. El plenilunio se alzaba con la magnificencia de una deidad olvidada, e irradiaba su luz por toda la reserva nopalera que rebosaba de blancura por la infestación de grana cochinilla.

Ella se encontraba sentada en una silla de mimbre, y se cubría con el rebozo de algodón por el aire frío que de repente se soltaba. Suspiró un poco más aliviada al ver intacto a todo el cultivo de grana cochinilla. Eran tiempos difíciles los que se vivían debido a la pandemia por COVID-19, ya que no había visitas al museo ni a la reserva, y apenas se sostenían los envíos de cochinilla a los distintos clientes.

No obstante, algo bueno que trajo la pandemia fue que el aire se sentía distinto, más puro. Como la gente no salía, no había coches ni autobuses contaminando. A las tres semanas de contingencia, la mayoría de los nopales se veía rebosante, y ahora sólo las pencas más altas, aquellas que recibían el sol durante todo el día, no tenían cultivo.

En noches como esa, doña Esperanza recordaba cuando era niña y sus abuelos le enseñaban las técnicas adecuadas para cultivar la grana del nopal, como le decían ellos. Eran otros tiempos; durante muchos años, todos los mexicanos habían descuidado e incluso menospreciado a la pobre cochinilla, pero sus abuelos no. Ellos se empeñaron en preservar al animalito, y luchaban contra viento, marea y pesticidas para que no se extinguiera el pobre.

Recordó que de joven ya no tuvo otro sustento para

dar de comer a su familia. Desesperada, se hincó ante el altarcito de su cuarto donde tenía a la Virgen, y le rogó que no la desamparara. Cuando alzó la cara, la foto de sus abuelos la recibió con una sonrisa sabia plasmada en el rostro de ambos, y ella entendió lo que debía hacer. Agradeció a la Virgencita por la guía, y puso manos a la obra para cultivar por su cuenta el casi extinto parásito.

También recordó que el inicio fue difícil, que muchas veces quiso rendirse, pero no estaba en su naturaleza hacer eso. Poco a poco el negocio de la venta de grana cochinilla fue prosperando, y fue cuando se atrevió a soñar en grande, al igual que sus abuelos.

Después de cincuenta años, logró consolidar su negocio hasta convertirlo en una reserva, y también creó un museo para compartir con la gente que estuviera interesada la maravilla de la grana cochinilla. Incluso creó una red de protección en la que participan actualmente varios estados, y pudo ayudar a muchas mujeres de su comunidad a implementar también su propio negocio.

De alguna forma, doña Esperanza sentía más

afinidad con el animalito que con el resto de la población mexicana. Después de tantos años de cultivarlo, cuidarlo, e incluso quererlo, había llegado a la conclusión que no era tan distinta a la grana cochinilla. Si bien al bichito había que procurarle los mismos cuidados que a un enfermo que no se puede valer por sí mismo para que se reprodujera, al final uno lo arrancaba de su fuente de sustento, lo sacrificaba en el rayo del sol y le arrancaba lo valioso que tenía. Eso mismo lo padecían muchas comunidades de la región: trabajaban arduamente las artesanías que sabían hacer, y un forastero venía a mal pagarlas y llevárselas a la capital para venderlas al triple. Al menos ella había encontrado la forma de no ser explotada, y eso era lo que buscaba esparcir entre el resto de las comunidades.

El frío espabiló a doña Esperanza, quien entró a la casa para cenar en familia. Se dijo que ahora eran otros tiempos, mientras contemplaba a sus hijos y nietos pelearse y reír mientras se acomodaban en la mesa. Su hija le acercó una taza de chocolate caliente y se sentó a su lado, mientras todos intercambiaban ideas para alcanzar a más gente.

Cuando llegó la hora de dormir, rezó para

agradecerle una vez más a Dios por la prosperidad brindada, y se preguntó si sus esfuerzos alcanzarían para asegurar la permanencia de la grana del nopal en el planeta por varias generaciones más, y si la gente llegaría a entender la importancia del insecto. También pidió llegar a más personas de otros estados que corrieran la voz del tesoro carmesí que había en su tierra, cuna de la grana cochinilla desde tiempos inmemoriales.

Su plegaria fue arrastrada por el viento; recorrió ríos y montañas, sobrevoló valles. Siguió su travesía por algunas ciudades hasta llegar a la quinta más poblada a nivel mundial, paseó por amplias avenidas y monumentos vandalizados, atravesó colonias opulentas y humildes barrios, hasta llegar a la ventana de una escritora desesperada, quien pedía a mudos gritos una razón para no dejarse vencer. Allí la plegaria anidó; lentamente inspiró a la escritora y la llevó de la mano hacia la maravilla del tesoro carmesí. Le mostró la magnífica historia de la grana cochinilla, cómo había sido un objeto de tributo a dioses y gobernadores, cómo se convirtió en el pigmento más exportado durante más de tres siglos, cómo fue casi olvidado por la impiedad de quienes debían atesorarlo y cómo ahora una sola mujer con su descendencia había logrado preservarlo y restituirle su antigua gloria.

La plegaria y la escritora crearon juntas una urdimbre entretejida con hilos de fantasía y realidad por igual, una fantasía suave y blanca como las primicias del algodón cosechado, y la realidad escarlata del material presente desde los albores de la civilización mexicana.

---

[1] El término engloba tanto a comerciantes como a orfebres, artesanos o trabajadores.

[2] Emperador

[3] Gobernantes de las ciudades subordinadas al imperio mexica

[4] Recaudador de impuestos

[5] Nombre con el que se conocía a la grana cochinilla entre los mexicas. Significa "sangre de tuna".

[6] 'Flor' en mixteco.

[7] Hora canónica mayor después de la puesta del sol, alrededor de las 18:00 hrs.

[8] Malinalxóchitl, diosa mexica responsable de la hechicería y otras artes oscuras, hermana de Huitzilopochtli.

AGRADECIMIENTOS

En primer lugar, agradecezco a *Nocheztlicalli* Museo Ecológico de Grana Cochinilla y Nopal por todo su apoyo y el permiso para referenciar su magna obra durante los fatídicos tiempos de pandemia (2019). Al fin, luego de tres años, todos nuestros esfuerzos ven la luz a través de la publicación de esta obra.

Después me gustaría agradecer a los amigos y conocidos que fungieron como primeros lectores del texto, gracias a ustedes encontré el valor para publicarlo.

También agradezco profundamente el apoyo de mi familia. Por ustedes es que conocí y persistí en el camino de la literatura.

Finalmente, el agradecimiento más importante: el tuyo, lector, ya que sin tí, nada de este cúmulo de esfuerzos, de noches frente al computador, de borrones y cuentas nuevas, tiene sentido. ¡Gracias infinitas!

www.ingramcontent.com/pod-product-compliance
Lightning Source LLC
LaVergne TN
LVHW041256150826
845673LV00008B/2605

* 9 7 9 8 8 4 8 0 5 3 6 7 8 *